ENRICO ROLLA

52 pensieri

per volersi bene

Testi: Enrico Rolla (www.iwatson.com; www.iwatsoneducation.com)
Impaginazione: Cristina Cecconato - acapoagency (TO)
Illustrazioni: Barnaba Orrù

Redazione Istituto Watson Edizioni
C.so Vinzaglio 12/bis (TO)
Tel. 0115611102 fax 0115611102
e-mail: info@iwatson.com- progetti@iwatson.com
www.iwatson.com
www.iwatsoneducation.com

Stampa:
CreateSpace
CreateSpeace Indipendent Publishing Platform
www.createspace.com

Prima edizione: 2009 Torino
© by Istituto Watson
Seconda edizione: 2012 Torino (10 Ristampe al 2016)
© by SEI-Società Editrice Internazionale
Terza Edizione: 2016
© Istituto Watson Edizioni
C.so Vinzaglio 12/bis, Torino
10121

"Perché i 52 pensieri per volersi bene?"

Perché tutto ciò che diciamo a noi stessi guida la nostra vita: ci può orientare in una direzione o in un'altra,può favorire od ostacolare i nostri progetti di vita e finire per rivolgersi contro di noi,creare in noi frustrazione o rabbia. Possiamo deprimerci o svalutarci. I nostri pensieri possono diventare i nostri nemici o amici. Sta a noi saperli indirizzare verso la positività. Il nostro obiettivo è volersi bene, prenderci cura di noi stessi. **La positività è volersi bene.**
Cominciamo col diventare consapevoli della validità di un motto del YMCA (*Young Men's Christians Association*) di Milwaukee che dice:
Stai attento ai tuoi pensieri, diventeranno parole.
Stai attento alle parole, diventeranno azioni.
Stai attento alle tue azioni, diventeranno abitudini.
Stai attento alle tue abitudini, diventeranno carattere.
Stai attento al tuo carattere, diventerà il tuo destino.

1

Se provi disagio in alcune situazioni e ti dici:
"Io sono fatto così, non posso farci niente",
riuscirai soltanto a peggiorare.
Con il tempo
è più facile "marcire" che"maturare".

2

Competi con te stesso.
La competizione con gli altri non ti fortifica.
Rischi di dipendere dal giudizio altrui.

3

Non evitare di affrontare l'ansia.
Ogni volta che superi il tuo disagio
diventi sempre un po' più libero.
L'ansia non deve mai decidere per te.

4

È troppo facile sottolineare gli errori degli altri.
Non essere parsimonioso nelle lodi e apprezzamenti,
aiutano l'altro a migliorarsi.
Più critichi l'altro e più si convincerà
della sua inadeguatezza.
Non farlo.

5

Più attribuisci importanza
o non importanza agli altri,
più indebolisci te stesso.
Stai dipendendo dal giudizio altrui.

6

**Non sempre è facile trovare
persone da cui è possibile imparare.**
Non lasciarti sfuggire l'occasione.

7

**Non centrare la tua attenzione
sugli aspetti negativi degli altri.**
Sviluppa in te solo frustrazione e rabbia.
Non ti aiuta certo a diventare più sereno.

8

Ridurre la tua ansia dipende da te,
non delegare ai farmaci, all'alcol o al cibo.

9

**Osserva in modo distaccato
i tuoi pensieri negativi.**
Non permettere che loro diventino la tua
realtà, sono solo pensieri.

10

Non dirti:
"Questo stato d'umore passerà".
Tu devi farlo passare!

11

Non fare tuoi i problemi degli altri.
Se lo fai impari solo a soffrire con loro,
non ad aiutarli.

12

Non dire all'altro:
"Io riesco meglio di te in questa attività".
Pensa a te stesso. Non al confronto.

13

Non avere paura di dare.
Devi avere paura se vuoi solo prendere.
Il dare ti potrà ritornare.
Prendere lo potrai fare una volta sola.

14

Aiutare gli altri lo si fa
spesso per se stessi, non per loro.

15

In ogni attività quotidiana mettici
la giusta tensione e nulla di più.
**Affannarsi non serve
a migliorare le prestazioni,**
serve solo a confondere gli altri.

16

Se cerchi di dimostrare
di essere superiore a un altro,
cadrai al primo calcio che verrà dato
allo sgabello su cui sei salito.

17

Se gli altri ti vogliono vedere in alto,
sopra a un piedistallo, salici pure.
Ma stai pronto a scendere
prima che te lo prendano a calci.

18

Non sei sulla giusta strada
se diventi presuntuoso e arrogante
con chi reputi inferiore.
Rischi di prenderti troppo sul serio.

19

Non esistono persone più importanti.
Esistono solo persone più o meno simpatiche.

20

**Non pensare che gli altri
possano capire i tuoi bisogni.**
Dichiarali.
Ma accetta che gli altri
non siano in grado di soddisfarli.

21

**Il tuo stato di benessere
deve dipendere solo da te.**
Non dagli eventi esterni.
È facile star bene quando non vi sono problemi
sul lavoro o negli affetti.
Tutti ci riescono. Se ti dici:
"Star bene o male dipende dalle situazioni",
non riuscirai a centrare l'attenzione su te stesso
e quindi a modificarti.

22

**Ricordati che le parole
non sono comportamenti.**
È molto facile fare affermazioni.
Se credi alle parole di una persona che poi ti
delude, ti arrabbierai con lei.
Non con te stesso che sei stato un credulone.

23

Ci sono solo dei vantaggi nel dirsi:
"Dove ho sbagliato?"

24

Non colpevolizzare o inferiorizzare gli altri.
Impareranno solo a dipendere da te,
difficilmente diventeranno tuoi alleati.

25

Se, non soddisfatto del comportamento
dell'altro,ti dirai:
"Al suo posto mi sarei comportato
in un altro modo",
non farai che sviluppare in te intolleranza.
Sei sulla strada di appagare il tuo bisogno di
essere aggressivo.

26

Non dirti:
"Io sono sempre stato disponibile con lui".
Non fare un favore che ti costa sacrificio
allo scopo di sentirti in credito.

27

**Non pretendere che gli altri
siano diversi da come sono.**
Non puoi cambiarli.
Puoi solo star male nel cercare di farlo.

28

Non dare consigli.
È troppo facile e ci riescono tutti.
È meglio tacere, se non sei in grado di
trasferire abilità agli altri.

29

Accetta le critiche.
Non subirle.
Prendi da esse solo ciò che ti può servire.

30

Non imporre il tuo volere agli altri.
Presta attenzione ai loro bisogni.
Non dimenticare i tuoi e **cerca una mediazione
tra i tuoi e i loro bisogni.**

31

Non crearti inutili aspettative dicendoti:
"Andrà senz'altro bene!".
Impegnati per raggiungere il tuo obiettivo.
Ma non dare mai nulla per certo.
Se le tue aspettative non si realizzano, rischi
di soffrire, di farti male e di impiegare troppo
tempo a rialzarti.

32

L'invidia non ti aiuta a migliorarti
ma solo a star male.

33

Chiediti se la critica che muovi a un altro serve
solo per dimostrare che tu sei il migliore.
**Se è così, tu sei sicuramente molto più debole
di chi critichi.**

34

Essere contento dei successi degli altri
ti aiuta a crearti degli amici e a essere più
sereno.

35

Ogni volta che ti arrabbi è una piccola perdita.
Sì, arrabbiandoti molto puoi anche
importi sull'altro.
**Ma l'imposizione rischia solo
di creare il vuoto intorno a te.**

36

Datti delle regole e vedi di rispettarle.
Non auto-giustificarti se non ci riesci.
Ti stai prendendo in giro.

37

Ridi di te stesso,
non degli altri.

38

Impegnati pure per raggiungere la tua
affermazione sul lavoro o per acquisire
prestigio sociale.
Ma osservati dall'alto mentre stai impegnandoti
e prova a sorridere a te stesso osservandoti.

39

Permettiti pure dei vizi.
**Ma non permettere che diventino loro
i tuoi padroni.**

40

Il primo dovere è verso se stessi.
Se tu sei sereno,
chi ti è vicino potrà beneficiarne.

41

Forse più degli altri i genitori o gli amici hanno
il potere di farti soffrire. Ma pensa:
"Sono fatti così, non posso cambiarli,
posso solo capirli".
**Lascia che le loro frasi ti scivolino addosso
e non entrino in te.**

42

Voler bene è accettare l'altro per com'è
e non volerlo cambiare.

43

Se ti dici:
"Starò bene se troverò il partner giusto"
**rischi, nel futuro, di creare non solo la tua
infelicità, ma anche la sua.**

44

Amare è essere contenti del bene dell'altro.
Se ti dice:
"Mi allontano da te
e voglio fare altre esperienze",
sarai pronto a capirlo e accettarlo.
**Se provi disagio profondo
è perché dipendi dal partner.**
Amore non è avere bisogno dell'altro.

45

**Non fare che i bisogni degli altri
vengano prima dei tuoi.**
Finiresti col soffrire e attribuire la tua
sofferenza agli altri.

46

Se vuoi aiutare una persona,
non soddisfare i suoi bisogni.
Ma insegnale a soddisfarseli.

47

Evita di lamentarti:
annoia gli altri e non ti è di nessun aiuto.

48

Se vuoi aiutare una persona,
non permetterle che si appoggi a te.
Potrebbe cadere e farsi male.

49

Non appoggiarti a nessuno.
Ricordati che, se si sposta, tu cadi.

50

**Se hai bisogno d'amore,
non andare a braccia tese verso un altro**
tenendo in mano e consegnandogli il peso del
tuo essere felice.

51

Nell'immaginare il tuo futuro non dire:
"Vorrei, potrei, dovrei".
Solo:
"Faccio", diventa il tuo futuro.

52

Siamo realmente in grado di fare ciò che
diciamo o insegniamo?
**Forse, qualche volta, vale la pena
di metterci alla prova.**

L'**Istituto Watson**, diretto dal dottor **Enrico Rolla**, si è costituito come società di ricerca, formazione e consulenza nel 1979, ed opera nelle seguenti aree:

PSICOLOGIA CLINICA

L'**Istituto Watson** è un centro privato specializzato in **Psicoterapia Cognitivo Comportamentale** e da ben trent'anni promuove servizi psicoterapeutici nelle seguenti aree:

- **Area Clinica:** Attacchi di panico, Agorafobia, Fobie specifiche, Disturbo Ossessivo Compulsivo, Ansia Generalizzata, Ansia Sociale, Disturbo Post Traumatico da Stress, Depressione, Insonnia, Disturbi alimentari, Disturbi sessuali e problemi di coppia
- **Disturbi dell'età evolutiva:** ansia e fobia in età evolutiva, ADHD (disturbi da deficit dell'attenzione e iperattività), balbuzie, depressione infantile, disturbi specifici dell'apprendimento.

L' **Istituto Watson** offre diverse opzioni di trattamento: **terapia individuale; terapia di gruppo; terapia online; programmi di trattamento intensivo; terapia domiciliare.**

LA SCUOLA DI SPECIALIZZAZIONE POST UNIVERSITARIA

Dalla sua fondazione l'Istituto si distingue per essere anche una **Scuola di Specializzazione Post-Universitaria in Psicoterapia Cognitivo Comportamentale** riconosciuta dal Ministero dell'Università e della Ricerca Scientifica e Tecnologica (G.U. n. 92 del 21/04/98).

PSICOLOGIA DEL LAVORO E DELLE ORGANIZZAZIONI

Corsi di: comunicazione aziendale, analisi organizzativa, psicologia del marketing e marketing operativo, direzione d'impresa, empowerment personale.

L'Istituto opera dal 1979 con interventi nelle aziende private e nella pubblica amministrazione e offre servizi di alto livello per organizzazioni grandi, medie e piccole.

I corsi di formazione proposti dall'Istituto Watson si fondano sui protocolli evidence based dell'approccio Cognitivo Comportamentale e sul modello dell'Organizational Behavior Modification (OB MOD) fondata sulle teorie dell'apprendimento.

Le nostre sedi:

Istituto Watson di Torino:
C.so Vinzaglio 12/bis – Tel/Fax 011 5611102

Istituto Watson di Chivasso
c/o "il Campus" via Baraggino – Tel/Fax 011 5611102

E-mail: *info@iwatson.com* – *progetti@iwatson.com*
Siti: *www.iwatson.com* – *www.iwatsoneducation.com*

DELLO STESSO AUTORE

Il problema non è mio è tuo

Un piccolo classico della psicologia che viene incontro ad alcune questioni fondamentali: "È possibile diventare persone positive?"; "Quali obiettivi mi devo porre e come?". Grande ironia (e autoironia) e non pochi consigli "pratici" per stare meglio, con se stessi e con gli altri

Piacersi non piacere

Un best seller della psicologia il cui successo è innegabile. 20 ristampe tra il 1987 e il 2015. Vivere con serenità i nostri rapporti con gli altri significa comportarsi con l'equilibrio di chi non subisce e non aggredisce. Piacersi non piacere aiuta a cercare e a realizzare questo equilibrio su noi stessi con semplicità nella vita di tutti i giorni.

Mollo l'osso
Come liberarci dai guinzagli interiori

Questo libro, scritto in modo piano, piacevole e divertente, può sembrare una favola. Barry, un grande e saggio San Bernardo, ci aiuterà a superare i tanti ostacoli creati dai nostri comportamenti problematici, insegnandoci a migliorare le relazioni con gli altri e a liberarci dai nostri "guinzagli interiori".

Così non mi piaccio
La terapia dell'umorismo

Per superare tutte quelle piccole fobie e ossessioni che oggigiorno affliggono molte persone, Enrico Rolla, propone una terapia particolare: la terapia dell'umorismo. Con l'aiuto di simpatiche vignette, infatti, queste pagine ci invitano a guardarci dentro, ma soprattutto a sorridere di noi stessi nel momento in cui individuiamo certi nostri comportamenti.

Ricomincia da TE!

Un manuale "pronto per l'uso", semplice e immediato. A disposizione dei lettori gli strumenti e le tecniche giuste per superare crisi di panico e agorafobia, preoccupazioni e manie, ansie sociali, ossessioni e compulsioni.

Perdo peso

In queste pagine Enrico Rolla e la coautrice Maria Vittoria Bossolasco non propongono nessuna dieta, ma un programma diverso (completo di tabelle e di esercizi da mettere in pratica), basato su un atteggiamento diverso nei confronti del cibo.

Voglio perdere peso

Un approccio educativo cognitivo-comportamentale che passo dopo passo ci porterà a modificare i comportamenti alimentari e motori e ad adottare un nuovo stile di vita.